**Siete y Siete:
El amor en los tiempos del Covid**

**Seven and Seven:
Love in the time of Covid**

**Sieben und sieben:
Die Liebe in Zeiten des Covid**

To Miriam and my most vulnerable self

EL MATALLANA

Siete y Siete:

El amor en los tiempos del Covid

Seven and Seven:

Love in the time of Covid

Sieben und sieben:

Die Liebe in Zeiten des Covid

Bibliografische Information der Deutschen Nationalbibliothek:
Die Deutsche Nationalbibliothek verzeichnet diese Publikation in der
Deutschen Nationalbibliografie; detaillierte bibliografische Daten sind im
Internet über dnb.dnb.de abrufbar.

© 2021 El Matallana
Satz, Umschlaggestaltung,

Herstellung und Verlag: BoD – Books on Demand, Norderstedt
ISBN: 978-3-7557-7918-6
Bibliographical Information of the Deutsche Nationalbibliothek
This publication is listed in the Deutsche Nationalbibliographie of the
Deutsche Nationalbibliothek; detailed bibliographical information
can be accessed under http: //dnb.d-nb.de
© 2021 El Matallana
Printing and Production: BoD – Books on Demand, Norderstedt
ISBN: 978-3-7557-7918-6

Contenido/Content/Inhalt

Sobre el autor

Oscar David Matallana Uribe, *El Matallana*, lleva escribiendo poesía desde una edad muy temprana. Una muestra de sus poemas se puede encontrar en https://elmatallana.com/ . Nacido en Cali, Colombia, emigró inicialmente a Alemania para continuar sus estudios y luego continuó viajando y viviendo en diferentes partes del mundo. Actualmente vive en Berlín. Es un apasionado del aprendizaje y de la enseñanza, con un doctorado en educación, que ha sido ingeniero químico, gestor de proyectos medioambientales y profesor de diferentes temas, incluyendo idiomas (alemán, español, pero sobre todo inglés). Su poesía es completamente auténtica y combina emociones fuertes con reflexiones filosóficas, ritmo y belleza.

About the author

Oscar David Matallana Uribe, *El Matallana*, has been writing poetry since a very young age. A sample of his poems can be found in https://elmatallana.com/. He was born in Cali, Colombia, and emigrated to Germany to continue his studies. Then he continued travelling and living in different parts of the world. He is currently living in Berlin. He is passionate about learning and teaching, with a PhD in education, and he has worked as a chemical engineer, environmental manager, and teacher of diverse topics, including languages (German, Spanish, but mostly English). His poetry is completely authentic, and it combines strong emotions with philosophical reflections, rhythm and beauty.

Über den Autor

Oscar David Matallana Uribe, *El Matallana,* schreibt schon seit frühester Kindheit Gedichte. Eine Auswahl seiner Gedichte ist unter https://elmatallana.com/ zu finden. Geboren in Cali, Kolumbien, wanderte er ursprünglich nach Deutschland aus, um dort sein Studium fortzusetzen. Dann reiste er weiter und lebte in verschiedenen Teilen der Welt. Zurzeit lebt er in Berlin. Der promovierte Pädagoge ist begeistert vom Lernen und Lehren und war als Chemiker, Umweltprojektmanager und Lehrer für verschiedene Fächer einschließlich Sprachen (Deutsch, Spanisch, aber vor allem Englisch) tätig. Seine Poesie ist vollkommen authentisch und verbindet starke Emotionen mit philosophischen Überlegungen, Rhythmus und Schönheit.

Prólogo

Yo pensaba que había construido el amor más bonito y duradero con la musa de estos poemas, que habíamos logrado una obra única, una verdadera obra de arte. Y tal vez así fue. Nuestra relación era una de las pocas certezas que me quedaban en este mundo vibrante de incertidumbre. Este proyecto comenzó como una oda a nuestro amor, tan especial y contemporáneo, en medio de todos los retos que enfrenta la humanidad (incluyendo la reciente pandemia). Los primeros siete poemas iban a delinear el contexto y las fuerzas a nuestro alrededor, mientras que los siguientes siete poemas iban a cantar nuestro nuevo amor con una nueva voz. Sin embargo, justo después de terminar el séptimo poema, la musa de este proyecto decidió que su vida era mejor sin nuestra relación, que había un mundo por descubrir por su cuenta y que su necesidad de libertad era mucho más grande que lo que habíamos construido; más grande que ese amor que al parecer yo había idealizado tanto.

Puede ser que a veces haya que sufrir para que el arte tenga sentido. Ahora estos poemas cuentan una historia diferente. Ya no responden a mi necesidad de que exista un amor inmortal en el que se pueda confiar completamente, sino que narran la realidad de una vida caprichosa, cambiante e incierta, con todo su amor, su verdad, crueldad y belleza…No están escritos para hacerte sentir como una víctima, sino para disfrutar de la poesía mientras reflexionas sobre lo que te mueve realmente. Son poemas que laten al ritmo de la muerte para darte vida.

Tienes en tus manos un libro que puede ser leído y/o escuchado (porque no todo el mundo tiene el privilegio de poder leer o poder leer sin dificultades), por ahora sólo en alemán, castellano e inglés. Es un regalo que te ofrezco sin esperar nada a cambio. Su utilidad, valor o sentido, te los dejo a ti finalmente.

Ojalá pueda escuchar tu voz también algún día.

Prologue

I thought I had built the most beautiful and everlasting love with the muse of these poems. I thought we had created a masterpiece, a real piece of art. And maybe that was the case. Our relationship was one of the few certainties I still had in this world of vibrant uncertainty. This project started like an ode to our love, so especial and contemporary, amid all the challenges humanity faces (including the recent pandemic). The first seven poems were going to outline the context and the forces around us, while the next seven poems were going to sing our new love with a new voice. However, exactly after I had finished the seventh poem, the muse of this project decided that her life was better without our relationship, that there was a whole world to be discovered on her own and that her need for freedom was greater than what we had built together; greater than that love I had seemingly idealized so much.

Maybe we need to suffer sometimes to create art that makes sense. Now these poems tell a different story. They don't answer to my need for the existence of an immortal love one could trust completely, but they narrate the reality of a capricious life, mutable and uncertain, with all its love, its truth, cruelty and beauty...They weren't written to make you feel like a victim, but to help you to enjoy poetry while reflecting on the things that really move you. These are poems beating to death's rhythm to give you life.

You have a book that can be read and/or listened to (because not everybody in the world can read or read without difficulties). It is written only in English, German and Spanish for now. It is a present I offer to you without expecting anything in return. In the end, it is for you to decide its use, value or meaning.

I hope someday I can listen to your voice too.

Prolog

Ich dachte, ich hätte mit der Muse dieser Gedichte die schönste und immerwährende Liebe geschaffen, dass wir ein einzigartiges Werk hervorgebracht hatten, ein wahrhaftiges Kunstwerk. Und vielleicht war es auch so. Unsere Beziehung war eine der wenigen Gewissheiten, die mir in dieser vor Unsicherheit bebenden Welt noch blieben. Dieses Projekt begann als eine Ode an unsere Liebe, so einzigartig, gegenwärtig und unfassbar nah inmitten der ganzen Herausforderungen, denen die Menschheit gegenübersteht (einschließlich der jüngsten Pandemie). Die ersten sieben Gedichte sollten den Kontext und die uns umgebenden Kräfte skizzieren, während die nächsten sieben Gedichte unsere neue Liebe mit einer neuen Stimme besingen sollten. Doch genau nachdem ich das siebte Gedicht zu Ende geschrieben hatte, entschied die Muse dieses Projektes, dass ihr Leben ohne unsere Beziehung besser sei, dass es eine Welt auf eigene Faust zu entdecken gäbe und dass ihr Bedürfnis nach Freiheit viel größer war als das, was wir gemeinsam erschaffen hatten; größer als jene Liebe, die ich scheinbar so sehr idealisiert hatte.

Es mag sein, dass man manchmal leiden muss, damit die Kunst einen Sinn hat. Jetzt erzählen diese Gedichte eine andere Geschichte. Sie entsprechen nicht mehr meinem Bedürfnis nach einer unsterblichen Liebe, auf die man sich voll und ganz verlassen kann, sondern erzählen von der Wirklichkeit eines launischen, wechselhaften und ungewissen Lebens, mit all seiner Liebe, seiner Wahrheit, Grausamkeit und Schönheit … Sie wurden nicht geschrieben, damit du dich als Opfer fühlst, sondern damit du die Poesie genießen und dabei darüber nachsinnen kannst, was dich wirklich bewegt. Es sind Gedichte, die im Rhythmus des Todes schlagen, um dir Leben zu geben.

Du hältst ein Buch in deinen Händen, das man lesen und/oder hören kann (denn nicht jeder hat das Privileg, lesen zu können oder ohne Schwierigkeiten zu lesen), vorerst nur auf Deutsch,

Englisch und Spanisch. Es ist ein Geschenk, das ich dir überreiche, ohne eine Gegenleistung zu erwarten. Seinen Nutzen, Wert oder Sinn bestimmst letztendlich du selbst.

Ich hoffe darauf, eines Tages auch deine Stimme zu hören.

Introducción

Cada poema es un momento conservado, fue escrito dentro de un contexto y respondió a él creando su propio mundo. La consideración del tiempo es importante, no sólo porque es una de las huellas de la muerte, sino porque en sus marcas se ven las cicatrices de la vida. Vivimos porque morimos.

Estos poemas se escriben y leen en idiomas que conozco suficientemente bien (me queda pendiente escribirlos en otros idiomas también). Los pocos idiomas en los que las cosas se publican también contribuyen a la desigualdad, la discriminación, la segregación y la dominación de muchas personas por unas pocas.

Es importante que este libro se pueda escuchar para que incluya a más personas que de otro modo no podrían interactuar con él.

El libro está dividido en dos grupos de poemas, los primeros siete antes de la ruptura.

Introduction

Every poem is a preserved moment, it was written within a context, and it answered to that context by creating its own world. Considering the time is important, not only because it is one of death's footprints, but because it is possible to see life in its marks. We live because we die.

These poems were written and can be read in languages I know well enough (I still want to write them in other languages too). Publishing things in only some, *usual*, languages also contributes to the inequality, segregation and domination many people suffer (under the rule of a few privileged ones).

It is important that this book can be listened to as well, so that people who can't read can still interact with it.

The book is divided in two groups of poems, the first seven before the break-up.

Einleitung

Jedes Gedicht ist ein festgehaltener Moment, es wurde in einem bestimmten Kontext geschrieben und reagierte auf diesen, indem es seine eigene Welt erschuf. Es ist wichtig, die Zeit zu bedenken, nicht nur weil sie eine der Spuren des Todes ist, sondern weil sie von den Narben des Lebens gezeichnet ist. Wir leben, weil wir sterben.

Diese Gedichte sind in Sprachen, die ich gut genug beherrsche, geschrieben und zu lesen. (Ich möchte sie in Zukunft auch in anderen Sprachen schreiben.) Die Veröffentlichungen in nur einigen ausgewählten Sprachen tragen auch dazu bei, dass viele Menschen unter Ungleichheit, Diskriminierung, Segregation und der Herrschaft weniger Privilegierter leiden.

Es ist wichtig, dass man dieses Buch auch hören kann, damit es mehr Menschen erreicht, die sonst nicht mit ihm interagieren könnten.

Dieses Buch ist in zwei Gruppen von Gedichten unterteilt, die ersten sieben vor dem Bruch, der Trennung.

Uno

Jugamos
a que la muerte no existe
la una para el otro
la otra para el uno
y bailamos
entre las ruinas de una utopía
en la que igual ya poco creíamos
mientras nuestros verdaderos dueños
escogen que parte nuestra ignoran
desde sus infranqueables torres de oro
Pero no es falsa nuestra sonrisa
ni el beso que nos damos
aunque sabemos que todo es falso
tal vez precisamente por eso
nuestra amistad parece tan cierta
nuestro amor ya no es tan romántico
y nuestros días juntos son como esas flores
que crecen en la carretera
con una belleza silenciosa
rebeldes sin pretensiones
marchitándose para siempre
humildes a la vera.

One

We play
the game of *death doesn't exist*
one for the other
the other for the one
and we dance
between the ruins of a utopia
in which we barely still believed anyway
while our real owners
choose which part of us they want to ignore
from their inaccessible golden towers
But our smile is not fake
nor the kiss we give each other
though we know everything is fake
maybe precisely because of that
our friendship seems so true
our love is not that romantic
and our days together are like those flowers
growing at the road
with a silent beauty
rebellious without pretentions
for ever withering
humble at the verge.

Eins

Wir spielen
den Tod gibt es nicht
die eine für den anderen
die andere für den einen
und wir tanzen
inmitten der Ruinen einer Utopie
an die wir dennoch kaum mehr glaubten
während unsere wahren Besitzer
von ihren unerreichbaren Goldtürmen aus
entscheiden welchen Teil von uns sie ignorieren
Aber unser Lächeln ist nicht falsch
noch der Kuss den wir uns geben
obwohl wir wissen dass alles falsch ist
vielleicht genau deshalb
unsere Freundschaft scheint so wahrhaftig
unsere Liebe ist nicht mehr so romantisch
und unsere gemeinsamen Tage sind wie jene Blumen
die auf der Straße wachsen
in stiller Schönheit
anspruchslose Rebellen
verwelken für immer
bescheiden am Wegesrand.

Dos

Cada día
pensando en tonterías
buscando nuevas víctimas
que alimenten la narrativa del enemigo

Todo lo que persigues
viene desde afuera
te lo venden con múltiples espejos interactivos
así como el azúcar en las golosinas
transforma un dulce niño
en un adulto adicto

Les ayudas a inyectarte la falacia en las venas
ávido de la próxima mentira
aplaudiendo entre sonrisas
a todos tus verdugos

La caverna es tu propia cabeza
tus sentidos captan sinsentidos
y te mueven sin abandonar el sitio
hambriento sin propósito
cegado por tantas luces
capitán a la deriva
en un mar sin viento ni sombra
donde la vida y la muerte son lo mismo
dos rostros del mismo miedo
tu más íntimo culto
terror desde el primer aliento
solo
delirante
nauseabundo.

Two

Every day
thinking about silly things
searching for new victims
to feed the narrative of the enemy

Everything you seek
comes from the outside
they sell it to you with multiple interactive mirrors
like the sugar in the candy
transforms a sweet child
into an adult and addict

You help them to inject fallacy into your veins
avid for the next lie
applauding between smiles
for all your executioners

The cave is your own head
your senses perceive nonsenses
and move you without leaving your place
hungry without a purpose
blinded by so many lights
a captain drifting aimlessly
in a sea without wind or shade
where life and death are the same
two faces of the same fear
your most intimate cult
terror from the very first breath
alone
delirious
nauseating.

Zwei

Jeden Tag
über Unsinn nachdenken
neue Opfer suchen
um das Narrativ des Feindes zu füttern

Alles wonach du strebst
kommt von außen
sie verkaufen es dir mit unzähligen interaktiven Spiegeln
so wie der Zucker in den Süßigkeiten
ein süßes Kind
in einen süchtigen Erwachsenen verwandelt

Du hilfst ihnen den Betrug in deine Venen zu injizieren
begierig auf die nächste Lüge
allen deinen Henkern
zwischen Lächeln applaudierend

Die Höhle ist dein eigener Kopf
deine Sinne erfassen Sinnloses
und bewegen dich ohne den Ort zu verlassen
hungrig ohne Ziel
geblendet vor lauter Lichtern
abdriftender Kapitän
in einem Meer ohne Wind oder Schatten
wo Leben und Tod das Gleiche sind
zwei Gesichter derselben Angst
dein intimster Kult
Entsetzen vom ersten Atemzug an
allein
wahnsinnig
widerlich.

Tres

Al parecer
vivimos tres momentos
aunque sólo uno exista
nos levantamos sobre las ruinas de un cuento
mirando lo que no alcanza la vista
y aunque viajamos sin detenernos
hasta la estación de la muerte
cada instante es el nacimiento
de una presencia que muere
como la estrella que se enfría
como se calienta la nieve
perdemos el equilibrio
entre lo que fue
y lo que viene
demasiado fieles a la historia
ebrios de sueños en cierne
alimentamos al olvido
con los pétalos del presente.

Three

It seems
that we live three moments
though only one might exist
we rise from the ruins of a tale
looking at what the sight can't reach
and even though we travel without stopping
to death's last station
every instant is the birth
of a dying presence
like a star cooling down
like when the snow becomes warm
we lose the balance
between what is coming
and what it was
too faithful to history
drunk of dreams in the making
we feed the oblivion
with the petals of the present.

Drei

Scheinbar
leben wir drei Momente
auch wenn nur einer existieren mag
wir erheben uns über den Ruinen einer Erzählung
und schauen wohin das Auge nicht reicht
und obwohl wir reisen ohne anzuhalten
bis zur Endstation Tod
ist jeder Augenblick die Geburt
einer Gegenwart die stirbt
wie der Stern der abkühlt
wie der Schnee sich erwärmt
verlieren wir das Gleichgewicht
zwischen dem was war
und dem das kommt
der Geschichte zu treu
trunken von erblühenden Träumen
nähren wir das Vergessen
mit den Blüten der Gegenwart.

Cuatro

Al parecer
hay muchas direcciones,
opciones infinitas
entre cuatro puntos cardinales,
pero el escrutinio muestra que no es cierto
cuando han logrado que la jaula
sea tu brújula

¿A dónde vas cada día?
¿Qué es lo que te espera en tu destino?
¿Riquezas?
¿Amor romántico?
¿Los aplausos de desconocidos?

Cuida que tu tesoro sea parte de ti mismo
y navega las aguas
no falsamente libre como pirata,
no esclavizado como almirante altivo,
sin otra meta que cabalgar las olas
con la vista hacia popa y proa,
diluyéndote
suavemente,
poco a poco,
entre la espuma,
perdiéndote en tu tenue estela
titilante en el horizonte.

Four

It seems
that there are many directions,
infinite options
between four cardinal points,
but the scrutiny shows that it is not true
when they manage to make the cage
be your compass

Where do you go every day?
What awaits you at your destination?
Wealth?
Romantic love?
The applause of strangers?

Make sure your treasure is part of you
and navigate the waters
not falsely free like a pirate,
not enslaved like a haughty admiral,
without any other goal than riding the waves
keeping sight of the stern and the bow,
diluting
softly,
bit by bit,
between the foam,
losing yourself in your faint trail
twinkling in the horizon.

Vier

Scheinbar
gibt es viele Richtungen,
unendliche Möglichkeiten
zwischen vier Himmelsrichtungen,
aber die Prüfung zeigt, dass es nicht stimmt,
wenn ihnen gelingt, dass der Käfig
dein Kompass wird.

Wohin gehst du jeden Tag?
Was hält dein Schicksal für dich bereit?
Reichtum?
Romantische Liebe?
Den Applaus von Unbekannten?

Gib Acht, dass dein Schatz Teil deiner Selbst ist,
und segele durch die Gewässer
nicht vermeintlich frei wie ein Pirat,
nicht versklavt wie ein hochmütiger Admiral,
ohne anderes Ziel, als über die Wellen zu reiten,
Heck und Bug im Blick
zerfließend,
behutsam,
nach und nach,
im Schaum,
dich verlierend in deinem schwindenden Kielwasser,
das am Horizont glitzert.

Cinco

No sólo cinco sentidos
sino también la capacidad de comprender
los límites de mi entendimiento,
saber que desconozco,
dudar de tanta certeza

Si sólo yo soy ya un reto
para la luz y la perspectiva,
no me sorprende que el resto
sea un reflejo de sombras

Hay múltiples lugares más allá del suelo y el cielo
Existen muchas regiones donde el ser ya no es el mismo
Nuestros cuerpos se extienden por encima del lenguaje
Nuestro pensamiento también se forma con la arcilla del universo

¿Qué sentido tienen todos nuestros sentidos?
¿Podremos alcanzar la raíz de lo evidente?
Incluso si logramos recorrer ese camino,
puede ser que lleguemos al final de nuestra mente.

Five

Not only five senses
but also the capacity to comprehend
the limits of my understanding,
to know that I ignore,
to doubt so much certainty

If I am already a challenge
for the light and the perspective,
I am not surprised if the rest
is a reflection of shadows

There are multiple places beyond the ground and the sky
Many regions exist where the self stops being the same
Our bodies expand above the language
Our thought also takes form from the clay of the universe

What sense do all our senses make?
Can we reach the root of what is evident?
Even if we manage to walk that path,
we might arrive to the end of our mind.

Fünf

Nicht nur fünf Sinne,
sondern auch die Fähigkeit,
die Grenzen meines Verstandes zu begreifen,
wissen, dass ich nicht weiß,
zweifeln an so viel Gewissheit.

Wenn allein ich schon eine Herausforderung
für das Licht und die Perspektive bin,
überrascht es mich nicht, wenn der Rest
eine Spiegelung der Schatten ist.

Es gibt unzählige Orte jenseits von Erde und Himmel.
Es gibt viele Regionen, in denen das Selbst nicht mehr dasselbe ist.
Unsere Körper gehen über die Sprache hinaus.
Unser Denken wird auch aus dem Lehm des Universums geformt.

Was ist der Sinn all unserer Sinne?
Können wir jemals an die Wurzel des Offensichtlichen gelangen?
Selbst wenn es uns gelingt, diesen Weg zu gehen,
stoßen wir vielleicht an das Ende unseres Verstandes.

Seis

Las seis partes
que sobresalen
de mi tronco
gritan: deseo

Hay una boca
no hecha para saciarse
sino como una invitación al abismo
una grieta en la roca sedienta
como un grito en el vacío
que se alimenta del silencio

Me parezco a las deidades más terribles
abraso todo lo que abrazo
con mi lengua de fuego
muerdo ebrio de ahora
la cervical de la muerte
y chupo los pezones
ya secos del olvido

Todo lo que existe
me pertenece
Todo lo que amo
se vuelve saliva en mis fauces
Más
que no descanso
Más
que no es suficiente …

En la avidez de una sola de mis manos
se marchita humilde
el universo creciente.

Six

The six parts
sticking out
from my trunk
scream: desire

There is a mouth
not made to be satiated
but like an invitation to the abyss
a crack in a thirsty rock
like a scream in the void
feeding on silence

I am like the most terrible deities
searing everything I embrace
with my tongue of fire
I bite drunk of now
the cervical bone of death
and suck the nipples
already dried of oblivion

Everything that exists
belongs to me
Everything I love
turns to saliva in my maw
More
because I do not rest
More
because it is not enough ...

In the avidity of only one of my hands
withers humbly
the growing universe.

Sechs

Die sechs Teile
die aus meinem Rumpf
herausragen
schreien: Verlangen

Es gibt einen Mund
nicht zum Sattwerden gemacht
sondern wie eine Einladung in den Abgrund
eine Spalte im durstigen Fels
wie ein Schrei in der Leere
der sich von der Stille ernährt

Ich gleiche den furchtbarsten Göttern
verbrenne alles was ich umarme
mit meiner Zunge aus Feuer
ich beiße trunken vom Jetzt
den Halswirbel des Todes
und lutsche an den Brüsten
schon trocken vom Vergessen

Alles was existiert
gehört mir
Alles was ich liebe
wird zu Speichel in meinem Schlund
Mehr
denn ich ruhe nicht …
Mehr
denn es ist nicht genug …

In der Gier nur einer meiner Hände
welkt demütig
das wachsende Universum.

Siete

Náufragos de los siete mares
nos encontramos
al desnudo
en la misma isla

Sin las tierras que nos habían abandonado
Sin los sueños que no alcanzaron la bahía

Pero aún con un par de mentiras
que creíamos haber arrojado por la borda
de alguna forma logramos mirarnos al rostro
y dejar fluir las palabras y los besos
para hacer de nuestro amor un continente
y bailar sonrientes ante el fuego

Náufragos de los siete mares
ahora llevamos nuestra brújula en el pecho
más allá de nosotros no hay lugares
Sabemos que no existe ningún puerto.

Seven

Castaway of the Seven Seas
we found each other
naked
in the same island

Without the lands that had abandoned us
Without the dreams that did not reach the bay

But still with a couple of lies
we thought we had thrown overboard
somehow we managed to look at our faces
and let words and kisses flow
to make a continent out of our love
and dance smiling in front of the fire

Castaway of the Seven Seas
now we have our compass in the chest
there are no places beyond us
We know no harbour exists.

Sieben

Schiffbrüchige der sieben Weltmeere
wir fanden uns
nackt
auf derselben Insel

Ohne die Länder die uns verlassen hatten
Ohne die Träume die die Bucht nicht erreichten

Aber immer noch mit ein paar Lügen
die wir dachten über Bord geworfen zu haben
irgendwie schafften wir es uns ins Gesicht zu sehen
und die Worte und Küsse fließen zu lassen
um unsere Liebe zu einem Kontinent zu machen
und lächelnd vor dem Feuer zu tanzen

Schiffbrüchige der sieben Weltmeere
jetzt tragen wir unseren Kompass in der Brust
über uns hinaus gibt es keine Orte
wir wissen dass es keinen Hafen gibt.

Ocho

¿Cuánto dura la eternidad?
¿Cuánto dura el amor que nunca muere?
Incluso el universo no está seguro de sí mismo
Incluso la vida es un instante breve y leve

El material de las promesas se corroe eventualmente
Las palabras escritas en piedra se desvanecen a su tiempo
Cada huella nuestra desaparecerá para siempre
Y todas nuestras risas se perderán en el viento

¿Cuánto podré durar yo ya en tu frágil recuerdo?
¿Cuánta verdad quedará de lo que antes creías cierto?
¿Cuánto vivirás hasta olvidar mi tenue susurro?
¿Cuánto más latirá el efímero corazón nuestro?

Eight

How long does eternity last?
How long the love that never dies?
Even the universe is not sure of itself
Even life is just an instant, brief and light

The material of promises corrodes eventually
Words written in stone fade away in due time
Every single footprint will disappear forever
And all our laughter will be lost in the wind

How long can I last in your now fragile memory?
How much truth is left of what you used to believe?
How long will you continue living before you forget my faint whisper?
How much longer will our ephemeral heart beat?

Acht

Wie lange dauert die Ewigkeit?
Wie lange dauert die Liebe, die niemals stirbt?
Sogar das Universum ist seiner Selbst nicht sicher
Sogar das Leben ist ein kurzer und flüchtiger Moment

Das Material der Versprechen rostet irgendwann
Die in Stein geschriebenen Worte verblassen mit der Zeit
Jede unserer Spuren wird für immer verschwinden
Und all unser Lachen wird im Wind verwehen

Wie lange überdauere ich in deiner zerbrechlichen Erinnerung?
Wie viel Wahrheit bleibt von dem, was du glaubtest, wahr zu sein?
Wie lange lebst du, bis du mein zärtliches Flüstern vergisst?
Wie lange schlägt noch unser vergängliches Herz?

Nueve

Blancas y puras
nuestras orquídeas también se marchitan
sucumben humildes, ya arrugadas,
a las oleadas del calor de nuestro tiempo

No importa que mi voz las acaricie
o que mi paciencia las riegue con la vida que necesitan
Parece que el aire mismo que ahora exhalo
las asfixia y las enferma como un cáncer

Pétalos tan sonrientes, únicos y bonitos
Raíces que a la luz parecían indestructibles
Hojas tan verdes como el amor con que tus ojos solían mirarme
Retoños que eran optimistas e incluso arrogantes

Blancas y puras
nuestras orquídeas también se marchitan
Nuestro único sol vivía en tu sonrisa
Y moriremos de tu ausencia inexorable.

Nine

White and pure
our orchids also wither
they succumb humbly, already wrinkled,
to the heat waves of our time

It does not matter that my voice caresses them
or that my patience waters them with the life they need
It seems that the same air I now exhale
asphyxiates them and makes them sick like a cancer

Petals that were so smiley, unique and beautiful
Roots that looked indestructible under the light
Leaves as green as the love your eyes used to look at me with
Sprouts that were optimistic and even arrogant

White and pure
our orchids also wither
Our only sun lived in your smile
And we will die of your inexorable absence.

Neun

Weiß und rein
unsere Orchideen verwelken auch
erliegen demütig, schon faltig,
den Hitzewellen unserer Zeit

Egal, dass meine Stimme sie liebkost
oder meine Geduld sie mit dem nötigen Leben gießt
Es scheint, dass die Luft, die ich jetzt ausatme,
sie erstickt und krank macht wie ein Krebsgeschwür

Blüten so lächelnd, einzigartig und schön
Wurzeln, die im Licht unzerstörbar schienen
Blätter so grün wie die Liebe, mit der deine Augen mich anschauten
Sprösslinge, die optimistisch und sogar arrogant waren

Weiß und rein
unsere Orchideen verwelken auch
Unsere einzige Sonne lebte in deinem Lächeln
Und wir werden an deiner unerbittlichen Abwesenheit sterben.

> *»Mas se ela voltar, se ela voltar*
> *Que coisa linda, que coisa louca*
> *Pois há menos peixinhos a nadar no mar*
> *Do que os beijinhos que eu darei na sua boca«*
> João Gilberto – Chega de saudade

Diez

Supongo que los fantasmas
son en realidad sueños frustrados
que no logran salir de nuestro pecho:
Las canciones que todavía quisiera cantarte
La música que íbamos a bailar cuando volvieras

Ahora sé que mi ausente foto en tus casas
fue un pequeño olvido que presagiaba uno más grande:
El de nuestras sonrisas durante el viaje anhelado
El de la boda por amor que ya no ocurre

Nunca pensé ser tan pasajero,
que mi presencia durara menos que un verano
Tus palabras: ayer vida, hoy nostalgia
Tu ausencia me sofoca con sus manos …

Algunos ven esperanza en un reencuentro,
fantástico pero inevitable
Piensan que todo lo sincero
puede volver a gestarse

Pero yo te miro a los ojos
y hoy ya no saben mirarme
tus oídos antaño atentos
poco hacen por escucharme

me hablas como a un enfermo
me aconsejas como a un infante
me sientes como un recuerdo
que tarda mucho en dejarte...

Sin embargo seremos amigos
y pronto podré abrazarte
con ternura me darás tu frente
para despedirme al besarte

... Y cuando en los labios la muerte
te bese para llevarte
le contarás de aquel poeta
que nunca dejó de amarte.

»Mas se ela voltar, se ela voltar
Que coisa linda, que coisa louca
Pois há menos peixinhos a nadar no mar
Do que os beijinhos que eu darei na sua boca«
João Gilberto – Chega de saudade

Ten

I suppose the ghosts
are actually frustrated dreams
which can't get off our chest:
The songs I'd still like to sing to you
The music we wanted to dance when you were back

Now I know that my absent photos in your houses
was a small omission that used to presage a bigger one:
Our smiles during the longed-for trip
The love wedding that will not happen

I never thought I was so transient,
that my presence could last less than a summer
Your words: yesterday life, today nostalgia
Your absence suffocates me with its hands…

Some see hope in a reunion,
fantastical but inevitable
They think that everything that is honest
can be gestated again

But I look into your eyes
and today they don't know how to look at me
your attentive ears of yesteryear
make little effort to listen

you talk to me like I was sick patient
you give me advice like I was an infant
you feel me like a memory
that takes too long to leave you...

Nevertheless we will be friends
and soon I will be able to hug you again
you will offer me your forehead with tenderness
to kiss you goodbye

... And when the death comes to kiss you
on the lips to take you away
you will tell her about that poet
who never stopped loving you.

»Mas se ela voltar, se ela voltar
Que coisa linda, que coisa louca
Pois há menos peixinhos a nadar no mar
Do que os beijinhos que eu darei na sua boca«
João Gilberto – Chega de saudade

Zehn

Ich vermute, dass die Geister
in Wirklichkeit unerfüllte Träume sind,
denen es nicht gelingt, unserer Brust zu entfliehen:
Die Lieder, die ich dir noch singen möchte
Die Musik, die wir tanzen wollten, wenn du wiederkommst

Jetzt weiß ich, dass mein fehlendes Foto in deinen Häusern
ein kleines Vergessen war, das ein größeres vorausahnen ließ:
Das unserer Lächeln auf der lang ersehnten Reise
Das unserer Liebeshochzeit, die nun nicht mehr stattfindet

Ich dachte nie so flüchtig zu sein,
dass meine Gegenwart weniger als einen Sommer dauern würde
Deine Worte: gestern Leben, heute Sehnsucht
Dein Fehlen erdrückt mich mit seinen Händen …

Einige sehen Hoffnung in einem Wiedersehen,
fantastisch, aber unvermeidlich
Sie denken, dass alles Wahrhaftige
wieder wachsen kann

Aber ich schaue dir in die Augen
und heute können sie mich nicht mehr ansehen
deine einst aufmerksamen Ohren
tun wenig, um mir zuzuhören

du sprichst zu mir wie zu einem Kranken
gibst mir Ratschläge wie einem Kind
du fühlst mich wie eine Erinnerung,
die dich zu langsam verlässt ...

Trotzdem werden wir Freunde sein
und bald werde ich dich in die Arme schließen
zärtlich neigst du mir die Stirn entgegen,
um dich zum Abschied zu küssen

... Und wenn der Tod dich auf die Lippen
küsst, um dich zu holen,
wirst du ihm von jenem Dichter erzählen,
der nie aufhörte dich zu lieben.

Once

Despedirse bien es un arte
Hay que recordar
que todos esos momentos sí ocurrieron
que todas esas palabras fueron ciertas
las sonrisas y los llantos
los gemidos a la hoguera

Hoy he vuelto al primer encuentro
y pude mirar a la fortuna en tus ojos
sentí de nuevo tu inmensa belleza
e infinitas ganas de abrazarte

El amor de esta despedida
no cabe en todas las estrellas

Aunque te llevas un universo
que pesa ausente en mi pecho.

Eleven

Saying goodbye is an art
One has to remember
that all those moments actually happened
that all those words were true
the laughter and the crying
the moans at the bonfire

Today I went back to the first encounter
and I could see the fortune in your eyes
I felt your immense beauty again
and an infinite need for hugging you

The love of this farewell
doesn't fit in all the stars

But you are taking a universe with you
which weighs absent in my chest.

Elf

Ein guter Abschied ist eine Kunst
Es gilt zu erinnern
dass es all diese Momente wirklich gab
dass all diese Worte echt waren
das Lächeln und das Weinen
das Stöhnen am Lagerfeuer

Heute kehrte ich zum ersten Treffen zurück
und konnte das Glück in deinen Augen sehen
ich fühlte wieder deine unermessliche Schönheit
und unendliche Lust dich zu umarmen

Die Liebe dieses Abschiedes
ist größer als alle Sterne

Auch wenn du ein Universum mitnimmst
das abwesend schwer auf meiner Brust liegt.

Doce

Nos aferramos
a nosotros mismos
y a lo que nos rodea
pero todo cambia a su tiempo

y aún cuando ya brotan
los sutiles colores del otoño
vemos en los vestigios del verano
la promesa de una primavera

Buscamos algo que no existe:
sorpresa en lo permanente
libertad segura
un otro que nunca nuestro
pretenda quedarse por siempre
alguien que nos complete
pero que no nos consuma
un vibrante amor que no muera
y un invierno que nunca llegue.

Twelve

We hang on
to ourselves
and what surrounds us
but everything changes in due time

And even when
the subtle colours of the autumn
are already sprouting
we see in the vestiges of the summer
the promise of a spring

We seek something that doesn't exist:
surprise in what is permanent
safe freedom
an other that's never ours
who pretends to stay forever
someone who completes us
but who doesn't consume us
a vibrant love that never dies
and a winter that never comes.

Zwölf

Wir klammern uns
an uns selbst
und das was uns umgibt
aber alles verändert sich mit der Zeit

und auch wenn schon
die zarten Herbstfarben keimen
sehen wir in den letzten Sommertagen
ein Frühlingsversprechen

Wir suchen etwas das nicht existiert:
Überraschung im Beständigen
sichere Freiheit
einen Anderen der niemals unser
der vorgibt für immer zu bleiben
jemanden der uns ergänzt
aber uns nicht verzehrt
eine bebende Liebe die niemals stirbt
und einen Winter der niemals kommt.

Trece

Eventualmente
agradecerás a la diosa fortuna
por tener la buena suerte
de la mala suerte,
y en el sangrante aprendizaje de las espinas
verás las ganancias de la pérdida

Aquel amor tan intenso
será sólo un encuentro nostálgico
de dos extraños amigables
que reinventan sus recuerdos
entre bebidas de invierno

El amor y el dolor de aquellos días
serán una historia casi agradable
que se cuenta antes de la cena
aún si llorando un poco por dentro

una anécdota poco creíble
un relato ya poco cierto
será como esos cuentos de niño
que narras con desconcierto
por las fantásticas verdades
que sonrojan a tu recuerdo

Dirás que todo pasa por algo
que el destino siempre es incierto
y jugarás resignado a la vida
sin el amor que ya ha muerto.

Thirteen

Eventually
you'll thank Fortuna
for having the good luck
of the bad luck,
and in the bleeding learning of the thorns
you'll see the winnings of the loss

That love, so intense,
will be just a nostalgic encounter
of two friendly strangers
who reinvent their memories
between winter drinks

The love and pain of those days
will be an almost pleasant story
to tell before dinner
even if crying a bit on the inside

it'll be a barely believable anecdote
a tale almost not true anymore
it'll be like those childhood stories
that you tell with bewilderment
due to the fantastical truths
blushing your memory

You'll say that everything happens for a reason
that destiny is always uncertain
and you'll play life resignedly
without the love that was once alive.

Dreizehn

Irgendwann
wirst du Fortuna danken
für das Glück
im Unglück
und in der blutenden Lehre der Dornen
wirst du die Gewinne des Verlustes sehen

Jene so heftige Liebe
wird nur eine nostalgische Begegnung sein
von zwei freundlichen Fremden
die über Wintergetränken
ihre Erinnerungen neu erfinden

Die Liebe und der Schmerz jener Tage
werden eine beinah angenehme Geschichte sein
die man vor dem Abendessen erzählt
wenn auch innerlich etwas weinend

eine wenig glaubwürdige Anekdote
eine kaum noch wahre Geschichte
sie wird wie diese Kindergeschichten sein
die du mit Verblüffung erzählst
über die fantastischen Wahrheiten
die deine Erinnerung erröten lassen

Du wirst sagen dass alles einen Grund hat
dass das Schicksal immer ungewiss ist
und wirst dich dem Spiel des Lebens ergeben
ohne die Liebe die schon gestorben ist.

»Gratitude is a must«
Koffee – Toast

Catorce

El tiempo tiene todas las respuestas
Recordaremos con alegría el día
cuando los caminos se encontraron
e incluso el inesperado día
cuando se perdieron

Su sonrisa volverá a encontrar un sitio
en el rostro alegre del recuerdo
y entre las espinas de aquellas crisis
veremos flores de belleza colateral

La historia tomará una nueva forma
y sin dolor visitaremos aquel lugar:
la isla del primer beso
el hogar del enamoramiento
tantas palabras llenas de ternura
y el vórtice sensual de nuestros cuerpos

Agradeceremos aquello que vivimos
Celebraremos que fuimos uno aún sin serlo
Y esconderemos cuidadosamente del olvido
las memorias de ese amor que sí fue eterno.

»*Gratitude is a must*«
Koffee – Toast

Fourteen

Time has all the answers
We'll remember with joy
the day our paths crossed
and even the unexpected day
when we lost our way

Their smile will find a place again
on memory's joyful face
and between the thorns of our crises
we'll see flowers of collateral beauty

History will take a new shape
and we'll visit those places without pain:
the island of the first kiss
the home of infatuation
so many words full of tenderness
and the sensual vortex of our bodies

We'll be thankful for what we have lived
We'll celebrate how we were one without being one
And we'll hide carefully from oblivion
the memories of the love that truly was eternal.

»Gratitude is a must«
Koffee – Toast

Vierzehn

Die Zeit hat alle Antworten
Wir werden freudig den Tag erinnern
als die Wege sich kreuzten
und sogar den unerwarteten Tag
als sie sich verloren

Ihr Lächeln wird wieder einen Platz finden
im frohen Gesicht der Erinnerung
und zwischen den Dornen jener Krisen
werden wir Blumen von kollateraler Schönheit sehen

Die Geschichte wird eine neue Form annehmen
und wir werden ohne Schmerz jenen Ort besuchen:
die Insel des ersten Kusses
die Heimat der Verliebtheit
so viele Worte voller Zärtlichkeit
und den sinnlichen Wirbel unserer Körper

Wir werden danken für das Erlebte
Wir werden feiern dass wir eins waren auch ohne es zu sein
Und wir werden sie vorsichtig vor dem Vergessen verstecken
die Erinnerungen an diese Liebe die doch ewig war.

Epílogo

Para terminar, quisiera compartir este poema. Es un diálogo íntimo sobre conectarnos a través de la tristeza del duelo amoroso y sobre ayudarnos a superar el dolor. No perdamos la esperanza de transformar nuestro dolor en algo que enriquezca la vida:

22.09.21

Déjame ayudarte con tu tristeza

Si alguna vez despiertas
en un cuarto vacío
lleno de sueños huecos
¿puedo ayudarte con tu tristeza?

Si tu amante se ha ido
pero tu amor quiere quedarse
rebelde en tu pecho roto
¿puedo ayudarte con tu tristeza?

Si tu visión del amor
ha sido quebrada por abandono
y no hay un alma que parezca leal
¿puedo ayudarte con tu tristeza?

Déjame ayudarte con tu tristeza
Déjame mostrarte canciones para cantar con el corazón
bailes para transformar nuestra rabia
en ritual y sensualidad
déjame mostrarte nuestra sonrisa viviendo en el presente
nuestras manos extendidas buscando comprensión
Déjame ayudarte con tu tristeza

Déjame decirte que eres, que eres realmente especial
No eres la única persona en esta búsqueda por la intimidad
Tienes mi mano
Tienes mi beso
Tienes todas esas palabras que te dijeron sin pensarlas para siempre
Ve más allá de tu decepción y abrázame
Nos abrazaremos hasta el final del miedo
Nos abrazaremos hasta destruir la tristeza
Porque mi corazón también ha sido perforado
y está sangrando
y está herido
y siente tu pena
Déjame ayudarte con tu tristeza.

Epilogue

To end this book, I would like to share this poem. It is an intimate dialogue about connecting each other through the sadness of love-grief and about helping each other to overcome pain. Let's not lose the hope to transform our pain into something that can enrich our life:

22.09.21

Let me help you with your sadness

If you ever wake up
in an empty room
full of hollow dreams
can I help you with your sadness?

If your lover is gone
but your love wants to stay
rebellious in your broken chest
can I help you with your sadness?

If your view of love
has been shattered by abandonment
and not a soul seems to be loyal
can I help you with your sadness?

Let me help you with your sadness
Let me show you songs to sing our heart out
dances to transform our anger
into ritual and sensuality
let me show you our smile living in the present
our hands reaching out for understanding

Let me help you with your sadness
Let me tell you that you are, you truly are special
You are not alone in this quest for intimacy
You have my hand
You have my kiss
You have all those words they said to you without meaning them
forever
Go beyond your disappointment and hug me
We will hug until the end of fear
We will hug until we destroy this sadness
Because my heart has also been pierced
and it is bleeding
and it is hurt
and it feels your sorrow
Let me help you with your sadness.

Epilog

Zum Abschluss möchte ich dieses Gedicht mit dir teilen. Es ist ein intimer Dialog darüber, wie Liebesleid uns miteinander verbindet und wie wir uns gegenseitig helfen, den Schmerz zu überwinden. Lasst uns nicht die Hoffnung verlieren, unseren Schmerz in etwas zu verwandeln, das unser Leben bereichern kann.

22.09.2021

Lass mich dir mit deiner Trauer helfen

Wenn du jemals
in einem leeren Raum
voller hohler Träume aufwachst
kann ich dir mit deiner Trauer helfen?

Wenn dein Geliebter fort ist
aber deine Liebe bleiben will
rebellisch in deiner zerbrochenen Brust
kann ich dir mit deiner Trauer helfen?

Wenn dein Bild der Liebe
zerrüttet ist vor Verlassenheit
und keine Seele treu mehr scheint
kann ich dir mit deiner Trauer helfen?

Lass mich dir mit deiner Trauer helfen
Lass mich dir Lieder zeigen um von Herzen zu singen
Tänze um unsere Wut zu verwandeln
in Ritual und Sinnlichkeit
Lass mich dir unser Lächeln zeigen das in der Gegenwart lebt
unsere Hände die sich nach Verständnis ausstrecken

Lass mich dir mit deiner Trauer helfen
Lass mich dir sagen, du bist, du bist wirklich etwas Besonderes
Du bist nicht allein auf dieser Suche nach Intimität
Du hast meine Hand
Du hast meinen Kuss
Du hast all jene Worte die sie dir sagten ohne sie für immer zu
meinen
Gehe über deine Enttäuschung hinaus und umarme mich
Wir werden uns umarmen bis zum Ende der Angst
Wir werden uns umarmen bis wir diese Trauer zerstören
Denn auch mein Herz ist durchstochen
und es blutet
und es schmerzt
und es fühlt dein Leid
Lass mich dir mit deiner Trauer helfen.

Agradecimientos

Muchas gracias al equipo de BoD por su apoyo con la revisión del manuscrito, el diseño del libro impreso y su versión digital (*ebook*).

La versión alemana de este libro no hubiera sido posible sin contar con el gran talento y trabajo profesional de Sophie Buss, agradezco mucho su genuino interés y dedicación a este proyecto. Nuestros diálogos me enseñaron muchísimo sobre mi propio lenguaje poético y sobre el poder emocional de la poesía. Disfruté mucho de nuestro trabajo en equipo (entre Ámsterdam, Berlín, Bishkek y Tenerife) y espero que podamos seguir colaborando en proyectos futuros.

También agradezco a Johanna Von Kietzell por leer los poemas concienzudamente y ayudarme a mejorar la versión inglesa de este libro. Nuestras conversaciones en Ámsterdam sobre estos poemas fueron en sí una bella forma de arte y comunicación.

Si bien la mayor parte de este libro se escribió en Tenerife, una parte importante se escribió también en un lugar seguro en Berlín que me brindó mi amigo Florian Rister (muy cerca del canal y del mercado turco, en la calle Maybachufer), justo en el momento que más lo necesitaba. Siempre recordaré ese gesto tan generoso, muchas gracias.

Muchas gracias a la terapeuta Leydy Gómez por ayudarme a gestionar mi lado más vulnerable, en especial durante la escritura del epílogo.

Muchas gracias a Beatriz, Carlos, Fabian, Fernando, Flor, Freddy, Jakob, Julio y Madda por su amistad y apoyo.

Muchas gracias a Cristina, Francesca, Ilina, Isa, Joohee, Julia, Lina y Sonja por cuidarme con tanto cariño.

Muchas gracias a Fernando y a Ruud por adoptarme mientras estuve en Ámsterdam.

Muchas gracias a Félix y Ángeles en Tenerife por tratarme como a su propia familia y hacerme parte de ella.

Muchas gracias a Luis y María por creer en todo lo que hago y darme lo mejor que pueden. Muchas gracias a Donna y Lynn por su apoyo.

Agradezco a todas las personas en diferentes partes del mundo que creyeron en este proyecto y me animaron a publicarlo, en especial a mis familiares y amigos en Alemania, Argentina, Colombia, España, Estados Unidos, Francia, Irlanda, Italia, los Países Bajos, Panamá, Perú y el Reino Unido.

Acknowledgements

I would like to thank the team of BoD for revising the manuscript and designing the printed book and the ebook.

The German version of this book wouldn't have been possible without the great talent and professional work done by Sophie Buss. I am grateful for her genuine interest and dedication to this project. Our dialogues taught me a lot about my own poetic language and about the emotional power of poetry. I enjoyed our team work very much (between Amsterdam, Berlin, Bishkek and Tenerife) and hope we keep collaborating on future projects.

I would like to thank Johanna Von Kietzell for reading the poems conscientiously and for helping me to improve the English version of this book. Our conversations in Amsterdam about these poems were themselves a beautiful form of art and communication.

Although most of the book was written in Tenerife, an important part of it was also written in a safe place in Berlin offered by my friend Florian Rister (very close to the canal and the Turkish market, at the Maybachufer). He offered me that safe place when I really needed one. I'll always remember that generous gesture, thank you very much.

Thanks to the therapist Leydy Gómez for helping me to manage my most vulnerable side, especially during the writing of the epilogue.

Thanks to Beatriz, Carlos, Fabian, Fernando, Flor, Freddy, Jakob, Julio and Madda for their friendship and support.

Thanks to Cristina, Francesca, Ilina, Isa, Joohee, Julia, Lina and Sonja for taking care of me so lovingly.

Thanks to Fernando and Ruud for adopting me while I was in Amsterdam.

Thanks to Félix and Ángeles in Tenerife for treating me like their own family and making me part of it.

Thanks to Luis and María for believing in everything I do and giving me the best they can. Thanks to Donna and Lynn for their support.

I would like to thank all the people around the world who believed in this project and motivated me to publish it, especially my family and friends in Argentina, Colombia, France, Germany, Ireland, Italy, Panama, Peru, Spain, the Netherlands, the United Kingdom and the United States.

Danksagungen

Vielen Dank an das BoD-Team für die Unterstützung bei der Überarbeitung des Manuskripts, der Gestaltung des gedruckten Buches und für die digitale Version *(E-Book)*.

Die deutsche Fassung dieses Buches wäre ohne das große Talent und die professionelle Arbeit von Sophie Buss nicht möglich gewesen. Ich bedanke mich herzlich für ihr ehrliches Interesse und ihr Engagement für dieses Projekt. Durch unsere Gespräche habe ich viel über meine eigene dichterische Sprache und die emotionale Kraft der Poesie gelernt. Unsere gemeinsame Arbeit (zwischen Amsterdam, Berlin, Bischkek und Teneriffa) hat mir viel Freude bereitet und ich hoffe, dass wir auch bei zukünftigen Projekten zusammenarbeiten können.

Außerdem möchte ich Johanna von Kietzell dafür danken, dass sie die Gedichte aufmerksam gelesen und mir dabei geholfen hat, die englische Fassung dieses Buches zu verbessern. Unsere Gespräche in Amsterdam über diese Gedichte waren selbst eine wunderschöne Form der Kunst und Kommunikation.

Obwohl der Großteil dieses Buches auf Teneriffa geschrieben wurde, entstand auch ein wichtiger Teil an einem sicheren Ort in Berlin (ganz nah am Kanal und dem türkischen Markt am Maybachufer), den mir mein Freund Florian Rister genau in dem Moment zur Verfügung stellte, als ich ihn am meisten brauchte. Ich werde mich immer an diese großzügige Geste erinnern, vielen Dank.

Vielen Dank an die Therapeutin Leydy Gómez, die mir geholfen hat, mit meiner verletzlichen Seite umzugehen, insbesondere beim Schreiben des Epilogs.

Vielen Dank an Beatriz, Carlos, Fabian, Fernando, Flor, Freddy, Jakob, Julio und Madda für ihre Freundschaft und Unterstützung.

Vielen Dank an Cristina, Francesca, Ilina, Isa, Joohee, Julia, Lina und Sonja, die sich so liebevoll um mich gekümmert haben.

Vielen Dank an Fernando und Ruud, die mich adoptiert haben, während ich in Amsterdam war.

Vielen Dank an Félix und Ángeles auf Teneriffa, die mich wie ihre eigene Familie behandelt und in sie aufgenommen haben.

Vielen Dank an Luis und María, die an alles glauben, was ich tue, und mir das Beste geben, was sie können. Vielen Dank an Donna und Lynn für ihre Unterstützung.

Ich danke allen Menschen in verschiedenen Teilen der Welt, die an dieses Projekt geglaubt haben und mich ermutigt haben es zu veröffentlichen, insbesondere meiner Familie und meinen Freunden in Argentinien, Frankreich, Deutschland, Irland, Italien, Kolumbien, Panama, Peru, Spanien, den Niederlanden, dem Vereinigten Königreich und den Vereinigten Staaten.